COLLECTION ACADIE TROPICALE
Dirigée par Georgette LeBlanc

Du même auteur

Lait à mère, interrompu par l'été et février, Moncton et Sudbury,
Éditions d'Acadie et Prise de Parole, 1997.
Julie Choufleur, ou les preuves d'amour, Shreveport, LA,
Éditions Tintamarre, 2008.

L'ALLÉE DU SOUVENIR

Conception graphique de la couverture : Kinos.
Conception graphique : Jovette Cyr.

Catalogage avant publication de Bibliothèque et Archives Canada

Cheramie, David, 1959-, auteur
    L'allée du souvenir / David Cheramie.

(Acadie tropicale)
Poèmes.
Publié aussi en formats imprimé(s) et électronique(s).
ISBN 978-2-89691-210-0 (couverture souple).--ISBN 978-2-89691-211-7
(PDF).--ISBN 978-2-89691-212-4 (HTML)

    I. Titre. II. Collection: Collection Acadie tropicale

PQ3939.C47A65 2017   841   C2017-905514-3
                                                              C2017-905515-1

Distribution au Canada
Dimedia
539, boulevard Lebeau
Saint-Laurent (Québec) H4N 1S2
Tél. : 514 336-3941

Les Éditions Perce-Neige   editionsperceneige.ca
22-140, rue Botsford   perceneige@nb.aibn.com
Moncton (N.-B.)   Tél. : 506 383-4446
Canada E1C 4X4   Cell. : 506 380-0740

Conseil des Arts Canada Council   New Nouveau   MONCTON
du Canada   for the Arts   Brunswick

La production des Éditions Perce-Neige est rendue possible grâce
à la contribution financière du Conseil des Arts du Canada
et de la Direction des arts et des entreprises culturelles
du Nouveau-Brunswick.

Nous reconnaissons l'appui du Fonds du livre du Canada dans le cadre
de son programme de Soutien au développement des entreprises.

David Cheramie

L'ALLÉE DU SOUVENIR

LES ÉDITIONS PERCE-NEIGE

À la mémoire de celles et ceux qui vont se rappeler de nous

I

Memory Lane is a Dead End Street
Dorian Phibian

L'allée du souvenir est un cul-de-sac

L'allée du souvenir est un cul-de-sac
Dans une banlieue américaine lointaine
Où les enfants jouent jusqu'au coucher de soleil
Jusqu'à ce que les lampadaires s'allument

Les gazons sont tondus par le fils du voisin
Cinq piastres pour une acre et demie
Sa sœur vend de la limonade 25 sous le gobelet
En attendant que papa rentre du travail

Un papa qui n'a jamais menti
Qui n'a jamais rien caché rien touché
Tout ce qu'il dit est la vérité
On ne lui pose pas de question

Toutes les voitures sont neuves
Tous les résultats sont excellents
La beauté de maman est parfaite
La tarte aux pommes est exquise

Retourner à ce moment précis où
Le miroir se brise rebrousser chemin
À ces instants cruciaux
Se voir les yeux dans les yeux

Faire marche arrière à toute vitesse
Ou au ralenti le temps passe
À un autre rythme quand on sait
Où il va sans pouvoir changer de cap

L'allée du souvenir est un cul-de-sac
Dans une rue où tu n'as jamais vécu
Parmi des étrangers prisonniers
De ta souvenance de ta démence

Devant l'évier de ma cuisine

Penché au-dessus l'évier je regarde par la fenêtre de ma cuisine
Je pense à mon père dans cette même position
Dans la maison de mon enfance
Combien de fois je l'y ai vu
À regarder le garage, les oléandres, la maison de mon oncle
À manger debout une tranche de fromage Kraft
Pliée en deux dans un morceau de pain Evangeline Maid
En les avalant avec une tasse de café Golden Key
De la boite jaune ornée d'une clé enguirlandée
Avec une bonne dose de lait
D'une bouteille qui apparaissait comme par miracle sur le seuil de notre porte
Verre épais avec une image de vache souriante
Au collier de marguerites sur le couvercle en carton plein de crème
Que je léchais goulument
Avait-il des soucis
À regarder videment cette scène
Immuable ?
À mastiquer le pain blanc et mou
Et le fromage sorti de son enveloppe en plastique ?
Rejouait-il des scènes de son passé
Pour voir ce qu'il a pu faire autrement ?
Pour obtenir un autre résultat ?
Ou pensait-il à l'avenir
Pour ne pas tomber dans les mêmes pièges ?

La scène devant moi est bien différente
Et pourtant pas
Je me rappelle le saule pleureur que
L'ouragan Andrew a arraché
Et le défilé de voisins qui ont vécu
Dans la petite maison rose à louer d'en face
À côté
Ma voisine de toujours

Infirmière qui travaille la nuit
Rentre au petit matin
Et dort le jour
Le déplacement du lever de soleil
Que je regarde tous les matins
De droite à gauche
De gauche à droite
Au gré des saisons
En mastiquant mon fromage cheddar
Au lait cru certifié bio
Des vaches joyeuses
Nourries à l'herbe pure, verte et tendre
Sans pesticides
Et mes craquettes multigrains
Au sel de mer
Bonne source de fibre
Sans OGM
Sans cholestérol
Sans gras saturé
Sans gluten
En buvant de ma tasse artisanale
Faite à la main par une vieille hippie
Du café commerce équitable
Avec une larmichette de lait
Sans hormone de croissance

J'ai des soucis certes mais
Je n'y pense pas
En mangeant debout devant l'évier de ma cuisine
À admirer la Mustang bleue du nouveau voisin
Mon père non plus
A dû ne penser à rien
Quand les oléandres poussaient
Leurs fleurs fuchsia et empoisonnées

Leçons particulières

Ce sont ces deux cœurs qui battent
À côté de moi dans le lit
L'un dans l'autre une seule respiration
Et puis les deux autres
Dans la chambre à côté
J'en ai ma part
De responsabilité
Comme est-ce qu'on apprend à être père ?
Je n'ai pas eu de leçons
Et même avec la pratique ça ne vient pas
Ils pètent et ils rotent en public mes fils
Mais ça me fait rire
Soudainement
Ward Cleaver se réveille en moi
Et il faut que je discipline
Que je me discipline
Et je veux rire encore plus fort
Et je me demande ce que Ward aurait fait
S'il avait à élever
Beavus et Butthead
Petit-fils de Beaver

Que le temps passe vite
Et me voilà dans mon moyen âge
Et je me traine à me lever
Pour aller conjuguer
Les verbes de la troisième conjugaison
Et j'indique le dévoilement présent
Du secret du temps imparfait
À condition que le passé
Participe à la composition
D'un futur proche et simple

Et moi, moins que parfait
Il est impératif que je dise à mes étudiants

« Demandez à vos parents pourquoi ils ont arrêté de transmettre la langue comme ça du jour au lendemain. Pourquoi est-ce qu'ils s'en sont servi comme langue de cachoteries, pour que vous ne compreniez pas ce qu'eux, ils se disaient ? À quoi est-ce qu'ils pensaient ? »

À la maison j'allume la télé
Un gars parle de son banquier
Et comment il l'aide à préparer sa retraite
After all, il dit, I am 34.
Oh crap, je pense, I can't think of that yet
Il est plus jeune que moi
Et je n'ai même pas commencé
Miles to go before I sleep
Je rentre en contact télépathique
Avec mon enfant, c'est très pratique
« Prépare-toi mon fils. Je ne sais pas
Comment je vais te tenir dans mes bras
Mais que vienne le temps
De doux bercements pour
T'apprendre à parler français
Sans sur le tableau noir dessiner
Un paradigme des verbes
De la première conjugaison
Notre parler n'est pas de craie
Mais de création.
Écoute plutôt :

« je t'aime, tu t'aimes, il, elle, on t'aime
nous nous aimons, vous vous aimez, ils, elles s'aiment,
d'un amour réciproque et réfléchi »

Je mets ma main sur le ventre de sa mère
Et son remuement me fait
Un tressaillement bleu
De la tête aux pieds
Je le bois comme du petit-lait

« Il t'a reconnu », me dit-elle
« Hé, je dis, comment ça va ? »

Et je pense que le verbe aller
Est ce qu'il y a de plus irrégulier

Vieilles photos

Vieilles photos en noir et blanc
Un jour ensoleillé et froid
Comme témoignent les yeux fermés
Dans une grimace pliée
Et le manteau capuchonné
Auréolé de fausse fourrure
Je suppose qu'elle est fausse
Car je suis sûr de n'avoir jamais eu
De la vraie fourrure
Une main sur le guidon
L'autre ébauche un geste
Vers mon visage pour bloquer
Encore plus cette lumière aveuglante
Des petites banderoles fouettées par le vent
Pendent des poignées du vélo
Au siège en forme de banane

Vieilles photos en noir en blanc
Des enfants des adolescents
Les bras levés en jubilation
Des adultes avec des canettes de bière Jax
Des cigarettes collées au coin des lèvres
Assis sur des glacières et des chaises longues
Sur la plage de la Grand'Ile
Tous avec de larges sourires
À fendre le visage en deux
Les dents pleines de sable
Tellement heureux parmi
Les toulouloux et les algues
Parmi les boulettes de goudron
Et les cousins et les maringouins
Devant les dunes recouvertes de racatchas
Et des bateaux de chevrettes en arrière-plan

Vieilles photos en noir en blanc
Une jeune femme assise sur les marches
De la maison lunettes noires et
Écharpe dans les cheveux comme si
Elle roulait en décapotable comme Grace Kelly
À côté d'elle un jeune homme coiffé comme
Elvis qu'elle allait épouser
Avant son départ au Viêt Nam
Derrière une inscription d'une écriture élégante
The marriage will be prosperous

C'est tenir dans sa main
L'os blanchi d'un animal inconnu
Vieilles photos en noir et blanc

Cœlacanthe

C'était une espèce qu'on croyait longtemps disparue
Mais le voilà devant la caisse au supermarché Rouse's
Chemise hawaïenne déboutonnée
Chaines en or autour du cou
Lunettes de soleil miroitées
Cheveux gominés
Il invitait deux jeunes filles
L'une bariolées de tatouages
L'autre complètement indifférente
À les joindre, lui et ses amis
Autour de la piscine
Des appartements à côté
Avec cette gouaille qui ne séduit
Que son image de lui-même
Elles n'ont même pas levé les yeux
Ayant peur sans doute
De s'éclater de rire
En plein magasin
Devant cette espèce de maquereau
Qu'on croyait depuis longtemps disparue
Surgi des fonds de la mer
De la nuit des temps en plein jour
Pour se faire prendre dans ses propres filets
La confirmation de sa prochaine
Disparition

Danser en rond

Les danseurs tournent en rond
Chaque couple prend son tour
Un va-et-vient devant les musiciens
Pour entendre la musique de plus près
Pour la sentir au fond de leurs os

Le vieux plancher grogne sous le poids
Des danseurs en sueur
Personne ne l'entend
Ses doléances se confondent avec
Les coups de talons qui claquent
À chaque pas d'une botte de cowboy
Ou d'un escarpin

La piste de danse s'use et se fatigue
N'abandonne pas pourtant
Elle reçoit la danse comme un sacerdoce
Se martyrise pour la maitrise
D'une parfaite valse du pont d'amour

L'homme se lance en avant
La femme suit en marche arrière
Menant le bal en reculant
Dans un tourbillon
Qui laisse croire que celui qui avance
Les yeux devant, sait où il va

On croquait les dernières bouchées de soleil

Tout le monde s'habillait en noir
Pour porter je ne sais quel deuil
Dans une procession de croquemorts
Sur les trottoirs sans cercueil
J'ai failli arrêter cette jeune femme
Pour la remercier d'avoir mis
Ce chapeau rouge
Une cardinale
Dans cette volée de corbeaux
Qui ne te regardent pas dans les yeux
Ils sont tous branchés sur leur iPhone
Les fils blancs s'infiltrant dans leurs oreilles
Comme les bourdonnements d'un insecte parasite
Avec mon bâton du pèlerin à la main
Je suis la Cardinale dans un café où je trouve
Deux vieux hommes en conciliabule
À se confesser l'un à l'autre
Dans ce Starbucks numéro 156
Avec moi et La Cardinale qui sirote son café latte
En lisant le NYTimes et un roman
Traduit de l'espagnol sud-américain
Sa main frôle sa bouche pour essuyer
Des miettes imaginaires de son jambon-beurre
La légère pression souligne
Le cramoisi de ses lèvres
Assorti à ses ongles vernis
Sauf les pouces qui tirent sur la couleur pourpre
Des anciens vêtements funéraires
Jusqu'à la dernière bouchée
Jamais jambon-beurre n'aurait connu
Une aussi belle mort

Les gens se poussent pour laisser passer
Le vieux monsieur ratatiné
Dans son fauteuil roulant automatique
On déplace les chaises et les tables
Et je fais de même quand il passe
Entre moi et la Cardinale
Un miracle qui ne se lève pas
Mais pourtant qui marche

Tirant sa révérence
La Cardinale se lève et s'en va en paix
Laissant son chapeau sur sa chaise
Le barista le garde
En attendant son retour
Car il sait que les cardinaux
Comme le soleil
Reviendront

La manière qu'on se voit

Si jamais j'arrête de rêver à toi
Et le sommeil me devient une prison
M'enfermant dans un carcan de ténèbres
Au fond de ma dernière cellule grise
J'habiterai le néant dans un brouillard

Aime-moi comme une chute d'eau
Nue comme un lever de soleil
Que le temps soit mon témoin
Le temps qui a commencé dans un jardin
Nous voilà improbables et inscrutables

Tes yeux voltigent comme ceux d'un chat
Qui suivent le ballet d'une abeille
Et sous ton regard vif je me sens beau
Comme un poème de Bukowski lu par Tom Waits
Roulant à 100 miles à l'heure sur un chemin de gravaille

Je te vois comme les ombres qu'on a laissées en arrière
Et ces moments de grâce où un épervier à queue rouge
Plane au-dessus les cimes des cyprières
Ou la pluie clapote contre la tôle ondulée
Comme l'applaudissement du silence

Que le souvenir soit une fonction de l'imagination
C'est le privilège et l'avantage de l'âge
C'est ce qui te reste quand la chair a fondu
C'est ce qui coule des ailes cassées
C'est ce qui fait que le temps bon ou pas roule

On est si beau quand on est jeune
Et on ne le sait même pas

C'est une bonne chose d'en parler aux jeunes
Ils ne connaissent pas encore
Que le rêve ne déçoit pas

Entretien d'embauche

Je n'ai jamais passé un entretien
D'embauche où l'on m'a demandé
Si j'avais lu *Moby Dick* ou Rimbaud
Ou si j'avais vu le soleil se lever
Après une nuit sous les étoiles
À chasser les météores

On me pose toujours des questions comme
Quels sont vos objectifs ?
Où est-ce que vous vous voyez dans cinq ans dans dix ans
Est-ce que vous avez déjà fait un boulot similaire
Ou été dans une situation similaire
Ou eu l'occasion de travailler dans un environnement similaire ?

J'ai envie de répondre que si je suis là
C'est que j'ai besoin d'argent pour acheter des livres
Et comme Érasme
S'il y en reste j'achète de la nourriture et des vêtements
Si je suis là c'est que j'ai besoin d'argent
Pour voyager à continuer la formation de ma jeunesse
Jusqu'à dans mon plus vieil âge
Si je suis là c'est que j'ai besoin d'argent
Pour financer ma bibliothèque déguisée en demeure

Alors mon objectif dans la vie est d'arriver à la fin de mes jours
Avec un grand nombre de livres qui reste à lire
Dans cinq ans je me vois assis sur le banc d'un parc
En train de lire le premier livre d'une jeune écrivaine prometteuse
Dans dix ans je me vois en train de faire du bateau
Au-dessus du tombeau de mon grand-grand-père
Et de lui demander pardon de ne pas avoir su garder cette terre
Je n'ai jamais fait un boulot similaire

Ni été dans une situation similaire
Ni eu l'occasion de travailler dans un environnement similaire
Car j'ai toujours été assis dans ma bibliothèque
Même quand je ne suis pas là
Et c'est chaque fois différent

Piquenique sur l'herbe devant la Vierge

Le ciel bleu du mois de mai
Une brise tiède du sud
Le parfum des trèfles fraichement fauchés
La mère arrange la barrette dans les
Cheveux de la petite fille qui
Dans sa main tient
Une marguerite qui a échappé
La grand-mère sort les sandwichs et
Les chips et les jus et les fruits
De son panier avec précision et modestie
Toutes les trois assises devant la maison
Sur le gazon
Devant la statue de la Vierge
La tête inclinée vers sa main droite
Tendue comme si elle attendait
Sa part

Le diable rompu

Il m'appelle saoul comme une grive à 4h du matin
Il me dit des choses qu'il croit que je veux entendre
Il me dit qu'il m'aime toujours et qu'il ne voulait pas
Me faire de la peine
Il s'excuse pour tout le mal qu'il m'a fait
Et pour les nuits qu'il m'a laissé tout seul
À lécher mes blessures
À attendre son coup de fil

« Mais tu es le diable, je lui dis
Tu ne peux pas faire autrement
Même si tu es le plus bel ange
Je ne peux plus te voir »

« Ch'est quelqu'un d'autre, n'echpas ? »
Dit-il en chuintant et j'imagine l'acide
Dégoulinant du coin de ses lèvres
Que j'ai tant embrassées

« Non, ce n'est personne d'autre
J'ai essayé de te quitter un million de fois
Je me suis réveillé tous les matins à tes côtés
Pour marcher dans ce monde les yeux fermés
Revenir le soir après une journée
Passée à m'efforcer à t'oublier »

J'ai décidé que j'étais trop fatigué pour recommencer
Tout le monde savait que ça allait mal finir
« Je te dis adieu, je te quitte pour toujours
J'espère que tu trouves quelqu'un d'autre
Quelqu'un qui aime ton sourire dans la nuit
Mais pour moi, il n'y a personne d'autre
Ni dieu ni diable juste la lune dans un ciel vide »

Je lui ai souhaité bonne chance
Même si le diable n'a pas besoin de chance
Il n'a besoin de rien au fait
Surtout pas de moi

Déterre mes os

Arrache la barre de fer qui marque mon tombeau
Creuse la terre et déterre mes os avec l'aide
D'Ogoun patron des forgerons, du feu, du fer et de la guerre
Frère de Shangô patron de la foudre et du tonnerre
Et l'amant d'Erzulie patronne de l'amour

Prend la barre de fer
Déterre mes os et raconte mon histoire
Moi, Nègre brut de Guinée, forgeron
Vendu dans la meilleure forme possible
Avec garantie de toute hypothèque
Et de toute maladie prescrite
Ce quatrième jour du mois de janvier
De l'année mil-sept-cent-quatre-vingt-sept
Par-devant le colonel Alexandre de Clouet
Commandant civil et militaire des Attakapas et des Opélousas
En présence du vendeur le Sieur Antoine Boisdoré
De son propre mouvement et de bon gré
De l'acquéreur le Sieur Pierre Joubert, dit Bellerose
Et les témoins Le Bray, dit Gonor, et Brunet

Ils ont tous signé sauf mon nouveau propriétaire
Qui dépose sa marque ordinaire X
Moi, Nègre brut de Guinée sans nom
Âgé de vingt-deux ans environ vendu
Pour prix et somme de huit-cents piastres
Payable dans tout le courant du mois de mai prochain
En bœufs de trois ans et vaches marchandes créoles
Au prix de cour

Prends ma barre de fer
Que j'ai forgée moi-même dans les flammes attisées par Ogoun

Et qui marque ma tombe le seul signe de mon existence
Avec cet acte de vente d'un esclave par le Sieur A. Boisdoré
Au Sieur P. Joubert qui ne sait même signer son nom
Et déterre mes os
Moi, Nègre brut de Guinée, forgeron sans nom

Mémoire du terroir

Je n'étais pas toujours cet objet
De commerce je n'avais pas toujours
Appartenu à quelqu'un j'étais le compagnon
Des hommes et des femmes que
Je nourrissais avec les poissons foisonnants de
Mes bayous et les bisons sans nombre qui faisaient
Trembler les savanes j'offrais mes terres
Riches à la culture du sagamité et les hommes
Que Thoumé Kéné Kimté Cacounche a formé de la boue ramenée
Du fond de la mer par l'écrevisse font partie de moi
Et moi d'eux jusqu'à ce que les hommes venus
De loin amènent leur papier et les lignes qu'ils
Dessinaient dessus leurs traits et leurs marques
Une lieue de terre du Nez Piqué au bord du
Bayou Nez Piqué à une demi-lieue du village
Bornée d'un arbre marqué par ces hommes qu'ils
Appellent Sauvages parce qu'ils ne savent pas
Interpréter ses lignes sur le papier qui me divisent
Entre eux et me laissent balafré comme par les griffes
D'un ours noir qui marchait sur mes terres de cet arbre
Qui se trouve tout seul dans la prairie qui descend
Le bayou jusqu'à une petite coulée sur le chemin où
Il y a un autre arbre aussi marqué par les Sauvages
Qui marquent les arbres et pas le papier qui vend
Ladite terre pour et moyennant la quantité de dix vaches

Tout ce qui reste du nommé La Tortue Chef Sauvage du village du
Nez Piqué et du nommé Célestin son fil qui de leur bon gré
Propre mouvement et dans la meilleure forme possible
Selon les marques sur ce papier vendent, cèdent, quittent
Délaissent et transportent en toute propriété dès maintenant
Et à toujours cette terre entre deux arbres marqués et la coulée au bord
Du Bayou Nez Piqué est leur marque ordinaire sur ce papier

Fait d'autres arbres en d'autres lieux mais moi de ma mémoire
De terroir j'étais là avant eux et je serai toujours là quand il n'y
Aura plus d'hommes pour se rappeler et il n'y aura plus ces
Marques qui prétendent remplacer la mémoire

Les heures coagulées

Le temps coule et colle comme du sang
D'une coupure fraiche
Une entaille de taille qui se veut
Refermée sur elle-même laissant
La cicatrice comme les routes sur une mappe
Du monde imaginaire et imaginé et creusé
Dans l'imaginaire d'une réelle défaite

Le temps coule et colle comme de la lave
D'un volcan sous-marin
Un nouveau pays qui se veut
Inaperçu au fond de la mer
Les scories comme les montagnes sur un globe
Qui se tient dans la main d'un archange
Qui flâne par là pour faire passer l'éternité

Le temps coule et colle comme de la sève
D'un érable incisé
Un sirop trop chaud qui se veut
Dégoulinant sur tout le paysage
La tire sur la neige comme les rivières dans un atlas
Qu'on feuillète avec une lenteur langoureuse
Léchant le temps comme le bout de son doigt

Ça me fait de la peine pour toi

Le soleil est après se lever et on connait pas
Éyoù-ce que t'étais hier au soir, ma négresse
Étais-tu avec Ledbelly ou Kurt Cobain
Ou peut-être bien Nathan Abshire ?

Oh ma chère négresse dans les pins
Dans les pins où le soleil brille pour rien
Oh ma chère négresse éyoù-ce que t'as dormi hier au soir ?
Conte-moi pas des menteries dans le grand brouillard

Avec ta robe déchirée t'as passé la nuit dehors
On n'a jamais demandé qui t'a fait ça encore
T'es passée en dessous la barrière à fuir
Je connais pas quel démon choisi pour te haïr

C'est lui qui a coupé la tête à ton mari
Et l'a laissée sur le chemin de fer à un demi-mille d'ici ?
Son corps qu'on n'a jamais retrouvé
Ça me donne les frissons toute la nuit

Est-ce qu'il est au fond du bayou ses mains et ses pieds
Amarrés avec les haillons de ta robe ?
Ses mains qui te calottaient
Ses pieds qui te ballotaient ?

Ça me fait de la peine pour toi, ma chère négresse
À passer la nuit dehors dans les pins
Dans les pins où le soleil brille pas pour rien
Sans nous dire comment t'a déchiré ta robe

Histoires d'amour et d'eau salée

C'est une histoire qui commence comme toute autre histoire
Avec un homme qui voulait se faire aimer sans aimer
Et une femme qui voulait tout donner sans rien demander
Évidemment, c'est une comédie
Ou une tragédie
Ou plutôt un mythe, car comme chacun le sait
Comme les personnages dans
Les mythes grecs
Les épiques bibliques
Les contes des Frères Grimm
Ces bêtes-là, ça n'existe pas.
Tout a commencé la première belle journée bleue
Quand le vent du nord chasse les épaisseurs d'humidité
Une par une
Et pousse les gens vers les cuisines
Comme un tas de feuilles contre la barrière
Pour faire un gombo aux fruits de mer

C'est une histoire qui commence comme toute autre histoire
Avec une jeune femme qui se débarrasse du carcan familial
Ses non-dits et ses secrets ouverts comme des plaies
Et un homme qui ne comprend rien sauf qu'il bande
Et que c'est ça ce qui fait de lui un homme
Évidemment, c'est une rom-com, car la romance
C'est tellement comique
Ou une série en quatorze épisodes sur Netflix
Ou plutôt un roman dans la pharmacie
Entre la fourniture scolaire et les crèmes pour visage
Tout a commencé par un ouragan qui s'approchait des côtes
Et les gens qui restaient se moquer de ceux qui partaient
Tout en faisant leurs courses de Jack and Coke et de Pringles

C'est une histoire qui commence comme toute autre histoire
Avec un frère et une sœur séparés par le divorce de leurs parents
Les admonitions les accusations les trahisons
Et le nègre magique joué par Morgan Freeman
Qui va leur apprendre le vrai sens d'amour
Et comment jouer au baseball
C'est certainement une fantaisie à la J.R.R. Tolkien
Ou George R.R. Martin
Ou J.K.R.R. Rowling
Ou peut-être un film de Steven Spielberg avec Tom Hanks
Qui joue le rôle du père aimable mais alcoolique
Et Meryl Streep qui joue le rôle de la mère qui est partie
Dans sa ferme africaine
Non, au fait, c'est pas ça du tout
Tout a commencé à Holly Beach
Quand Wayne Toups a pris la scène
En se débarrassant de ses lunettes de soleil
Face au vaste golfe sous un gros grain noir
Naturellement c'est une œuvre de science-fiction
Car en réalité
Wayne Toups n'a jamais quitté ses lunettes de soleil
À Holly Beach

L'univers chante depuis toujours

Une batterie de télescopes se tourne vers les étoiles
Comme un champ de tournesols suivant le trajet du soleil
En parfaite synchronicité
En complète harmonie
Une oreille à l'écoute d'un lointain écho
Un chant d'amour nomade qui s'éloigne
Dans les distances que seulement les algorithmes alambiqués
Peuvent entendre

L'univers chante depuis toujours
Une complainte une élégie un blues
Pleurant des planètes perdues
Des soleils supernova
Des galaxies en collision

L'univers chante depuis toujours
Une ode un hymne une prière
À la gloire de la création
De la force forte et de la force faible
De l'électromagnétique et de la gravité

L'espèce humaine tend son oreille collective
Pour écouter le chant de l'univers
Le même qu'il chante depuis toujours
Numéro un sur le hit-parade éternel
Une constante physique
D'une mécanique quantique
Des cantiques antiques

La danse des grandes-écailles

Les eaux du bayou épaisses avec
De la boue et du fatras et de la merde
Frayent leur chemin jusqu'au Golfe
Passant devant des grosseries
Et des stations de gazoline
Sans se ralentir jusqu'à ce qu'elles dépassent
La ligne séparant
L'eau brune de l'eau bleue
Où enfin la lumière chatoyante se renvoie
Vers le ciel une fois
La boue et le fatras et la merde
Tombent au fond de la mer
Sous le poids de leur propre insignifiance
Laissant juste assez d'espace
Pour que les grandes-écailles
Sautent en l'air avec leurs couleurs
Iridescentes et éclatantes
Peu de monde de parmi nous autres
Sont admis comme spectateurs à cette danse
Pendant que les autres passent leur temps
À pagayer leur pirogue en rond
Autour des sacs-poubelle flottants
Pleins de produits de consommation
Non consommés

Le chevalier des steppes

Les danseurs m'ont obligé de boire ma bière
Trop vite en trois coups d'œsophage
Pour avoir les deux mains libres
Une pour le stylo
L'autre pour le carnet noir
J'ai noté que le meilleur danseur était
Le jeune trisomique
T-shirt noir
Jean noir
Bottes de cowboy en peau de croco
Bout d'argent sur la pointe
Il ne ratait pas une danse
Dans la chaleur irradiée de la plaza en ciment
Juste le temps d'ôter son chapeau noir
Et de s'essuyer le front
Avec son bandana rouge
Prendre une autre gorgée de sa canette
De Coca-cola 16 oz
Avant de faire le tour
La main tendue l'œil interrogatoire
Des dames qui attendent dans leur chaise pliante
Que le beau chevalier des steppes
Avec son sourire assassin et son regard siamois
Vienne commander un two-step
Ou une valse
Ou un jitterbug
Il sait les danser tous
Avec la légèreté et le sérieux
D'un galant chevronné
Il ne retournera pas rejoindre sa tribu
Avant d'avoir dansé
Avec tous les cœurs
Qu'il aura conquis

Un rêve du nord

Un rêve du nord une marche sur la toundra
Une quête de vision pour canaliser la lumière
Un voyage qui au point de départ te ramènera
Avec rien qu'un manteau contre la poudrière

Avec un cœur frigorifié et les os gelés
Tu prends la pique à glace pour briser
Les murs de la résistance patients et épais
Comme des rivières de glaciers

Le soleil blanc le terrain blanc le souvenir blanc
Un tableau blanc qui se veut vierge
Mais qui a connu mille amants
Purs et limpides tu t'en sers comme manuterge

En attendant ta tracée qui disparaitra
Aussitôt comme au lever d'un rêve
Où ta grand-mère te parlera
Et mourra de nouveau dès que tu te lèves

Le loup est lâché loose

Le loup est lâché loose
Sur un samedi soir en Louisiane
C'est Jean Arceneaux
You ought to know
Qui rôde la campagne
Du Marais Bouleur
Et les alentours
De la Pointe Noire
Aux Champs-Élysées
Montréal, Moncton, Dakar et Pointe-à-Pitre
Le loup-garou de Londres, c'est lui aussitte
C'est lui qui rôdaille à travers le monde bien vite
Mais c'est pas un loup solitaire
Il mène une meute de misérables ménestrels
Qui chante les complaintes des délaissés
Des orphelins et des soulards
Un jour de Mardi Gras tout autour
De la table ronde
Pour faire d'autres petits loups tout partout

Le loup est lâché loose
Asteur y a yienque qui le tient
Les dernières chaines tombent
Comme la chair tendre des os
D'un cochon de lait
Il rôde à travers la campagne
À chasser les fantômes
De ces centaines et centaines
De sacrées lignes
Pour qu'on parle français à l'école
Et n'importe éyoù-ce que tu veux ailleurs

Le loup est lâché loose
Et avec un cri du bayou
Il attrape son violon
Fait d'une boite de cigares
Une branche de bois inconnu en archet
Et des fils de bère à maringouin
Qui ont tout mangé ma belle
Et joue une tune
Pour arracher les larmes de tes yeux
Oh cher bébé
Le loup est lâché loose
On connait pas éyoù-ce qu'il va après
Mais on connait qu'il va continuer à emmerder les Américains
Qui veulent fermer son cercueil et le mettre dans la terre
Mais il se lève toujours
Pour demander une autre bière

Arrête de nous faire peur

Arrête de nous faire peur
Arrête de nous faire croire
Que le ciel nous tombe sur la tête
Que l'Apocalypse c'est pour tout de suite
Quand tous les jours c'est la fin du monde
Et tous les jours le jour se lève
Et marche
Comme Tabitha ou Lazare
La main dans la main dans le grand bazar

Arrête de nous faire chier
Avec tes faux prophètes
Et tes vrais profits
À nous promettre la jouissance éternelle
Dans l'au-delà quand on ne peut même pas
Boire un coup tranquillement sur la terrasse
Sans que tu nous dises que
Dieu est amour
Mais pas pour tout le monde
Et que si tu ne l'aimes pas à ton tour
Il va t'envoyer en enfer

Arrête de nous dire tant de conneries
Style l'ennemi est aux portails
Que l'ennemi est parmi nous
Qu'on arrive à voir l'ennemi partout
Même chez le voisin que tu dis
Dieu nous a ordonné à aimer
Colporteur de mensonges
Vendeur de l'huile de serpent
Magicien de tout et le contraire de tout
Tant que tu arrives à nous faire peur

À nous faire croire que nous ne sommes pas
Dignes aux yeux de l'univers
Et qu'on doit se réveiller
L'Amérique, réveille-toi est tout
Ce que tu as sur tes lèvres
D'où coule le miel au gout de fiel
Pour attraper les mouches

Je suis debout et lucide
Je vois les choses en face

Qu'as-tu de mieux à faire ?

Pourquoi as-tu tué ton frère
      Au lieu de l'aimer ?
Pourquoi as-tu battu ta femme
      Au lieu de l'aimer ?
Pourquoi as-tu maudit ton voisin
      Au lieu de l'aimer ?
Pourquoi as-tu affamé ta voisine
      Au lieu de l'aimer ?
Qu'as-tu de mieux à faire
      Que de les aimer ?

Tu peux marcher tout le long
      De cette planète
Tu peux voir les plus hautes montagnes
      Et les plus basses vallées
Tu peux rencontrer des rois et des malades
      Qui ont un cœur de champions
Tu peux saluer des poètes et des salauds
      Qui ont un cœur brisé
Qu'as-tu de mieux à faire
      Que de les aimer ?

Ce n'est pas un choix
      Même pas une considération
C'est comme respirer
      Tu en as besoin pour vivre
Tu le fais sans y penser
      Quand tu marches parmi les gens
Qu'as-tu de mieux à faire
      Que de les aimer ?

Les joggeurs du matin du 16 avril 2011

Les coureurs dans la rue de Boston
Plus nombreux que d'habitude
S'empressent le pas
Avec une ardeur renouvelée
Une détermination qui n'était pas là hier
Ils lèvent haut et vite les jambes
Pour ceux qui ont perdu leurs jambes
Un éclat dans les yeux
La recherche acharnée
D'une raison
Mais il n'y a pas de raison
Même si on trouve les coupables
Et leur demande la raison
Ce n'est pas une raison
Ce n'est pas la raison
Car la raison ne tue pas

Un enfant sur la plage

Un enfant sur la plage
Fin d'été 2015
Quand il devait commencer l'école bientôt
Quand il devait absorber les derniers rayons des vacances
En marchant jusqu'au parc dans son quartier
Sa main dans la main de son père
Sa famille l'amenait sur la mer
Au milieu de la terre
À la recherche d'une vie
D'une meilleure vie
Où leur roi n'essaie pas de les tuer
Où ses ennemis n'essayent pas de les tuer
Où ils peuvent trouver un petit lopin de terre
Un petit havre de paix
Et tourner leur face vers le soleil
Où les bombes ne tombent pas
Où les balles ne sifflent pas
Où l'amour devient de nouveau possible
Et on respire la brise salée de la liberté

Ils cherchent la lumière depuis des siècles
Là où cette lumière a premièrement brillé
Ils fuient la guerre mais la guerre a des bras longs
Très longs et elle arrive à tuer
Un enfant sur la plage
Qui suit ses parents vers une meilleure vie
En croyant à la promesse de leur libération
De la peur de la faim de la suffocation

Un enfant sur la plage
Sans pelle sans seau sans château
Il ne voulait que jouer

Même pas jouer seulement sourire
Sa face dorée par le soleil
Vêtu pour aller au parc ou à l'école
Même pas habillé en maillot de bain
Ses petits souliers aux pieds
Il prend son dernier bain
Et finit la face dans le sable
Léché par les vagues
Jusqu'à dans les bras de la garde côtière
Qui le ramasse et l'emporte
Comme tant d'algues échouées
D'une espèce invasive
Ou comme une épave vidée de son trésor

II

Je suis une tondeuse au gout de pomme.
Ed Coussan

Amalgame

Derrière le bruit de la foreuse dentaire
Qui tourne cent fois la seconde avec
Un « *vrouine, vrouine, vrouine* » qui résonne dans la tête
Charlie Parker, *cool bird*, vole autour trente-trois fois la minute
Max Roach bat avec dextérité les 340 coups qui extirpent la douleur
Miles Davis chasse le vers mais c'est l'oiseau qui l'attrape
Le Dr LeBlanc comble les caries dans mes dents avec de l'amalgame
Et les carences dans ma culture avec du *scrapple from the apple*

Bravo

Le cri du marchand de chars m'a réveillé sans tendresse. « On va soigner ton char comme le char à nous autres! » hurlait le vieux M. Courvelle pour que le monde achète japonais. J'ai dû m'assoupir un bon bout de temps, car la nuit était tombée. Je n'avais pas fermé les rideaux. Je haïs la salle de TV avec les rideaux ouverts quand il fait nuit noire dehors. Depuis ma petite enfance, je m'attendais à ce que le visage du Roux-garou se presse contre la fenêtre si on ne fermait pas à temps. Des années après je savais que le Roux-garou n'existait pas, mais je me précipitais pour serrer les rideaux ensemble dès que le jour baissait. C'est comme la Tataille sous mon lit qui allait attraper ma main si je la laissais dépasser. Il n'y a pas de Tataille et ma main ne dépasse jamais.

Avant de me lever pour chasser l'image du Roux-garou, j'essaye d'éteindre la télé, mais je pèse sur le mauvais bouton. Je change de chaine et tombe sur une émission qui montrait deux dames habillées avec des tabliers dans une vieille cuisine. La scène change rapidement vers un extérieur qui m'a l'air vaguement familier. Des chênes couverts de barbe espagnole, des lataniers, une écore de bayou avec une pirogue amarrée au quai. J'ai tout de suite reconnu la nouvelle série de téléréalité, *Les Vraies Femmes de la Prairie des Femmes*. C'était sur la chaine Bravo, normalement destinée à une audience plutôt féminine. Une voix off parle de la légende du Roux-garou au fond des bayous qui venait dévorer le cœur des enfants pas sages. Je tirais les rideaux les yeux fermés pour ne pas voir la Tataille qui n'est pas là. Il n'y a pas de Tataille et ma main ne dépasse jamais.

Cibler

Un bruissement de feuillage
Le fusil en joue
Un œil se ferme
L'autre cherche le souper

Grigri

Chaque deuxième samedi du mois, si le temps le permet, un groupe de bénévoles se rassemble pour ramasser les détritus que les gens ont jetés dans les rues et qui finissent dans le bayou. Bon mois, mal mois, ils peuvent remplir quelques douzaines de sacs-poubelle entre sept heures et midi. Ils trouvent des choses des plus hétéroclite : ballons de basketball, chauffe-eaux, paniers de supermarché, téléviseurs-écrans plats, sofas, pneus. Si ça se nomme, ils le trouvent dans le bayou.

La chose la plus étrange qu'on découvre de temps en temps, ce sont des petites bouteilles en plastique qui contiennent normalement des médicaments. On les remplit de bouts de papier couverts de gribouillage à peine lisible. Parfois, c'est seulement un ou deux mots : Amour, argent, travail, santé. Des souhaits de bonheur jetés dans l'eau en espérant qu'on ne sait quelle loi les exauce. Mais plus rarement, ce n'est pas son propre bonheur qu'on désire. Des fois, c'est du malheur voulu aux autres qu'on écrit sur ces papiers : crise cardiaque, accident de voiture, chute fatale.

Inuit

Inukshuk nous montre le chemin
Sur la toundra ou sur la prairie
Dans les bayous ou dans la rue
Beaucoup d'hommes perdent le nord
Ne retrouvant plus leur chez-soi
L'Inuit sait qu'on peut facilement se perdre
Si on n'a pas de points de repère
En rentrant de la chasse ou de la taverne
Les hommes manquent souvent
Un sens de direction

Kermesse

Notre-Dame de Prompte Secours avait sa kermesse chaque année autour du 15 aout. La chaleur d'été ne sévissait plus autant, même si la température n'avait pas vraiment baissé, puisqu'on avait enfin une nouvelle distraction en attendant la rentrée des classes. Le Père Massé avait annoncé que cette année-là pour la vente à l'encan il y aurait une surprise. Les quelques hommes de la paroisse qui commençaient à faire fortune grâce aux puits d'huile faisaient monter les enchères, littéralement, chaque année, souvent pour des articles qu'ils auraient pu acheter au magasin à une fraction du prix. Tout l'argent allait à la paroisse, naturellement. L'année dernière, grâce à une lampe avec un abat-jour aux motifs cowboy, le prêtre avait commandé un nouvel autel en marbre d'Italie dans lequel on avait placé un morceau d'os d'un saint. On ne pouvait pas imaginer jusqu'où les prix grimperaient avec un produit de choix.

Les autres articles pendant la vente ne déviaient pas de la tradition. Une ceinture en cuir du magasin « Dads and Lads » acheté cinquante piastres, un souper chez Randolph à trente piastres et un nouveau filet de trawl pour cent-cinquante piastres. Il est vrai que la pêche aux chevrettes avait été particulièrement bonne cette année. Néanmoins, le Père Massé gardait bien le secret dans le presbytère jusqu'au moment de la vente. On l'a vu sortir avec un grand objet carré recouvert d'une toile et marcher jusqu'à l'estrade où M. Thériot annonçait la vente comme chaque année. La foule s'est pressée devant pour mieux voir ce qui se cachait dessous. Avec un flair inhabituel, l'autrement austère prêtre avec sa coupe de cheveux militaire retire la couverture tel un magicien pour dévoiler un petit macaque verdâtre dans une cage. Les gens ont lâché un « ooouuu » collectif au vu de cet animal exotique. Le prêtre ne pouvait pas cacher sa satisfaction, d'autant plus qu'il savait que les hommes les plus riches étaient toujours là et qu'ils n'avaient pas encore joué bien gros. Il savait aussi qu'ils avaient passé l'après-midi à boire de la bière.

Le beau-frère de M. Thériot, un certain Valsin Falgout, au bout d'une vingtaine de minutes de lutte épique avec le richissime fils du fondateur du premier chantier naval sur le bayou, a fini par remporter le petit macaque pour assez d'argent à permettre à la paroisse de remplacer les salles de classes de catéchisme. Afin de remercier M. Falgout pour sa générosité, le macaque est mort le lendemain. La plaque sur la façade de la bâtisse a beau porter le nom de son bienfaiteur, tout le monde l'appelle la maison du macaque.

Kitch

Elvis en velours
Brillant dans la lumière noire

Sérendipité

Si je n'avais jamais lâché mon stylo,
      je ne me serais jamais penché pour le ramasser
Si je ne m'étais jamais penché pour le ramasser,
      je n'aurais jamais vu ton sac à dos sous la table
Si je n'avais jamais vu ton sac à dos sous la table,
      je n'aurais jamais remarqué tes macarons
Si je n'avais jamais remarqué tes macarons,
      je n'aurais jamais su que tu aimais Bowie et les Clash
Si je n'avais jamais su que tu aimais Bowie et les Clash,
      je ne me serais jamais redressé pour chercher ton visage
Si je ne m'étais pas redressé pour chercher ton visage,
      je ne me serais jamais plongé dans tes yeux
Si je ne m'étais jamais plongé dans tes yeux,
      je n'aurais jamais eu besoin de mon stylo
Pour écrire notre histoire d'amour

Wiki

« Wiki, wiki » me disait le guide en montant le volcan hawaiien en vitesse
« Wiki, wiki » on va chercher la définition de la beauté en cinq secs
« Wiki, wiki » nos cœurs se battent de plus en plus vite
« Wiki, wiki » la connaissance du monde est au bout des doigts de ceux
        qui prennent le temps

Zénitude

Printemps jour premier
    Fête de la Francophonie
        Fleurs du mal s'éclosent

Aspirine

Je vais me préparer et la météo du grand prix de la musique de faire des photos avec des potes qui ont été tués le monde à un moment où tu vas voir ce film est déjà dans votre vie privée pas pour autant que moi aussi j'ai envie que ça fasse du bien de temps en temps réel sur la route de ma part de demain matin pour aller chercher mon chargeur frérot qui est en train de se rendre à l'évidence

Granite

Selon les autorités américaines de ma vie à un point de vue que tu veux
pas dire que c'est une question de temps avant que je ne sache pas com-
ment on peut s'attendre à une playlist YouTube et je me sens bien dans
ma chambre par rapport au calme est-ce que vous êtes d'accord avec moi

Gens

Je ne suis plus en ce qui se passe dans la rue dans le monde la même source de sécurité et de son père qui a été la première fois que j'ai vu que c'est une question sur la photo du monde la tête du gouvernement de la musique le temps de faire des économies d'énergie à un moment où il est trop beau pour être heureux sans argent et le pire c'est que tu veux pas que les autres pays européens aient fait des années de ma part en vacances à l'étranger pour la France et de son père qui ne me concerne pas

Liberté

Genre tu es une femme qui se passe dans la rue dans le monde la fourniture et le plus beau jour où t'y es pas mal mais il a été la première fois que tu es une femme qui se passe dans la rue dans la tête du championnat du tout à l'heure actuelle je ne suis plus en ce qui se sont pas les mêmes choses à dire sur la photo du monde la même source de sécurité et de son père qui a été la première fois que tu es un homme de ma classe le dossier du tout à l'heure actuelle je ne suis plus en ce qui se sont pas les mêmes choses à dire sur la photo du monde la première fois que tu as un problème avec le président

Train

Je vais faire une petite sieste en rentrant chez moi pour les gens qui sont pas les mêmes choses que l'on ne peut pas être en mesure de la musique qui se passe bien dans mon lycée et de ses lecteurs à un point de vue sur la tête du championnat du monde sans-papiers en grève générale des travailleurs du dimanche matin dans les années à venir à bout portant sur la route

Brut 33

Je viens de fermer la télévision
Renonçant à ma tentative de suicide
Par infomercial et WWE Raw interposés
Je me tourne sur le côté droit
Et j'entre dans un rêve lucide
Dans cette chambre anonyme

Je repose ma tête n'ayant vu personne
Et cherche le sommeil en pensant à ma présentation
Sur la longue et douloureuse histoire de la Louisiane
Française une suite de rendez-vous manqués
Entre les faux espoirs et les vraies emmerdations
Comment raconter tant de crève-cœurs et de déboires
Un rêve brisé de Napoléon dans sa baignoire
Dans une heure académique de cinquante minutes ?

La réunion doit attendre encore un jour
Ces gros orages comme un marteau romain
Ont cloué les avions au sol
Je m'endors j'ai soif et j'ai faim
Qu'avez-vous les belles blondes
Je suis loin de la maison

Je suis dans cet état entre le noir
Et la lumière cette conjoncture où
L'eau boueuse et l'eau bleue
Se transforment en mousse vivace
Comme un avant-gout
Du prochain barattage de la mer de lait

Le lit se secoue et grince comme si quelqu'un
S'est assis dessus mais je suis tout seul
Avec les coups de tonnerre et la pluie

Je le mets sur le compte d'un vieux réflexe
De survie hérité de mes aïeuls
Qui me fait sursauter au sortir du sommeil

L'odeur de l'eau de Cologne de mon père envahit mon nez
En même temps que le lit s'enfonce encore
Et je reçois un coude pointu dans le dos
Tournant comme une toupie tout est allumé
Quand avant j'étais dans le noir je vois assis
Au bord du lit mon père mort depuis longtemps

Il est dans ses pyjamas comme la dernière fois que
Je l'ai vu vivant sur son lit d'hôpital à la V.A.
Rue Perdido à la Nouvelle-Orléans
Il est submergé dans une tristesse infinie
Il dit qu'il va bien et que tout le monde m'espère
Là où il est mais je ne suis pas trop sûr où c'est
Ni qui m'espère
Il reste comme ça la tête baissée à regarder ses mains

Avant que je ne puisse ouvrir la bouche
Il est de la taille d'un enfant que je berce dans mes bras
On se met à pleurer tous les deux
En cette réunion de père et fils
On se fige là comme une drôle de Piéta
Dans une chambre d'hôtel anonyme

Je plie cette visite en quatre
Je la glisse dans ma valise
Je la porte avec moi le lendemain vers
Washington de là-bas, pas d'ici
Dessiné par L'Enfant
Aimé par Lafayette
Comme un fils peut aimer son père
Pour raconter l'histoire de ma Louisiane malaimée

Vol de nuit

Ses yeux frétillent dans le vide suivant quelque chose
Que je ne vois pas
Ses yeux s'ouvrent de moins en moins souvent
Une pellicule terne les couvre
Elle dort constamment émettant des petits bruits et des grognements
« Depuis quand est-elle comme ça ? » je demande à ma sœur
« Depuis tu es venu pour Pâques »
Nous sommes presque le solstice d'été

Elle est sortie de son lit ce jour-là
On ne savait pas que c'était pour la dernière fois
« Qui c'est, cet homme ? »
On a lui répondu pour la troisième fois que c'était moi
Elle essaie de parler mais les mots et les souvenirs
L'ont quittée
On se tenait la main
Son étreinte était ferme mais douce
Ses ongles étaient longs et durs comme des griffes
On se regardait dans les yeux
La peau de son visage était lisse et blanche
Ses yeux me regardaient comme si je n'étais pas là

« Elle parlait à Mémère Blanche l'autre jour en français »
Ma sœur dit
« Mais je comprenais pas ce qu'elle disait »
Sa mère est morte depuis trente ans
« Je crois qu'elle parlait à Tante Rosa et Nénaine Léocadie aussi »
« Tu lui as demandé si elle avait parlé à Papa ? »
« Oui, elle a fait une grimace comme si elle avait mordu un limon
En faisant non de la tête »

Ses yeux suivent le mouvement de sa mémoire
De ses souvenirs qui s'évaporent

Comme la sueur suintant de tous ses pores
On change ses draps trois fois par jour
Ma sœur humecte ses lèvres et les enduit de morphine en me disant
« J'ai rêvé hier soir que j'étais sur un bus avec plein de vieilles personnes
J'en ai reconnu plusieurs comme ma belle-mère et même Nonc Joe
Il m'a dit de m'assoir à côté de lui
Le bus était arrêté
J'ai vu d'autres personnes monter à bord
Elles semblaient connaitre trois ou quatre des passagers
Il me parlait de tout et de rien
Il me disait qu'il attendait sa sœur
Au bout d'un moment il me dit de descendre
Ce bus doit partir sans moi »

Ce soir je vais rêver de prendre l'avion avec toi, ma mère
J'achèterai le billet, à mes propres frais
On ira tous les deux dans mon rêve
Je te tiendrai la main
Et je te parlerai en français en anglais comme tu veux
Tu n'as pas besoin de parler si tu veux pas
Je te dirai tout ce que tu voudras entendre
Je reviendrai et tu partiras pour toujours
Enfin contente
Enfin capable de te laisser aller
Dans ce vol de nuit

Le Canal Yankee

Les journées d'été sous un ciel délavé bleu presque blanc
Ma peau qui noircissait au soleil
Ma peau qui blanchissait en silhouette de débardeur
Culottes courtes en jean découpé le plus haut possible sur les cuisses
Ma bicyclette au guidon de Easy Rider et le siège banane
La chaleur qui faisait suinter le créosol des poteaux
Soulevant des bulles que je me donnais un plaisir fou à crever
Je marchais le long des banquettes en palettes de bois
Pour aller chercher des sno-balls dégoulinant de sirop dans
Un cône en papier Dixie Cup pour dix sous un peu plus si
Je prenais de la crème Pet Milk dessus

Loin des lumières de la ville le ciel la nuit brillait de toutes les étoiles
Et je voyais la Voie lactée parsemée comme un chemin de coquillage
Je connaissais la Grande Ourse et la Petite Ourse qui me pointaient
Vers l'étoile du nord le chemin de sortie
Tout était vers le nord au sud était la fin du monde
Et je voulais commencer mon voyage dans le monde
Loin de mon carré de trois milles

Tout petit j'avais annoncé que j'allais faire ma valise et partir
Ma mère l'a attrapée pour moi et j'ai mis tout ce que j'avais de besoin
Elle m'a même ouvert la porte mais un grand coup de vent du nord
A soufflé dans ma tête l'image du vaste monde et
Combien j'y étais petit
Je suis retourné dans ma chambre
J'ai vidé ma valise de son seul objet et j'ai dormi
Avec mon ours en peluche Teddy

Des années après j'étais sur une barge à des centaines de milles de la côte
Au sud de là où les eaux du bayou se jettent dans le golfe
Au sud de la fin du monde et le début d'un autre

Au milieu d'une ville aquatique bâtie de plateformes
Illuminées comme une station-service sur un chemin désert
Douze heures de travail douze heures de repos
La nuit sur le golfe on voit toutes les étoiles et on a le temps
De les voir se déplacer on a le temps de voir la lune changer ses phases
Chaque nuit on a le temps de voir les planètes errer à leur aise
Si on veut bien se donner la peine de lever la tête
On a surtout le temps de s'ennuyer
Un soir un copain m'a donné des palmes et m'a dit que je devais
Sauter par-dessus bord pour me baigner
On est allé dans un coin de la barge loin de la passerelle
Là où les autres ne nous verraient pas
Et j'ai descendu l'échelle pendant que mon copain montait le guet
Et tenait l'autre bout de la corde autour de ma taille
Je me suis éloigné une dizaine une vingtaine une trentaine de mètres
Et je voyais en contrebas l'énorme outil qu'on utilisait
Pour construire des oléoducs sous-marins au fond du golfe
Je flottais sur le dos les yeux dans les étoiles
Les oreilles sous l'eau j'entendais le pouls de la mer
Je pensais à toute l'eau à ma droite
Et toute l'eau à ma gauche
Et toute l'eau de l'autre côté de la barge
Et toute l'eau dans mon dos
Et tout ce qui vivait avec moi dans cette eau
Je me suis rendu compte que j'étais
Connecté au monde entier par toute cette eau
Je voyais l'eau contournant la Floride
Où le golfe devenait l'océan
Et je traversais l'Atlantique
Le chemin inverse de mes ancêtres qui ont quitté
Saint-Malo pour venir en Louisiane
Je remontais en Acadie
Je redescendais vers l'Afrique
Je contournais le cap de Bonne Espérance

Océan Indien
Océan Pacifique
Le détroit de Magellan
Je doublais le Brésil
Je rentrais aux Antilles
Je suis retourné pour entendre une voix inquiète crier mon nom
« Hé, ça va ? Pourquoi tu réponds pas ? »
« Je me sens si petit. »

Je suis toujours ce petit garçon au seuil de la porte
Avec ma peluche dans la valise
À regarder les feuilles trembler dans le vent
À écouter le vent hurler
À m'émerveiller de la ceinture d'Orion
À contempler le nombre de gouttes d'eau dans les océans
Mais cette fois-ci je franchis le pas de la porte
Et je sors sur le chemin de coquilles
Qui m'amène vers le nord
Loin du Canal Yankee
Qui me ramène avec la plus petite pluie

Accroché au Bayou Lafourche comme une puce
Sur un des chiens dégradés qui rôdent autour
Le Canal Yankee
Tu vas pas le trouver parmi les noms de village
Seulement sur une carte qui montre une petite cicatrice
Parmi les balafres cisaillées dans la prairie tremblante
Presque tous de la parenté
Presque rien, pourtant tout
Petite communauté en autarcie repliée sur elle-même
Comme un ruban de Moebius le long du bayou
Beaucoup de bars pour un si petit village
Avec un nombre concomitant d'alcooliques
Sans feu de circulation parce qu'on n'avait pas de carrefour

D'ailleurs ça circulait à peine
Sur ce chemin du roi qui traverse l'État
En diagonale comme le fou du roi
Le soir des fois tu pouvais te coucher dessus longtemps
À regarder les étoiles
À absorber la chaleur relâchée du goudron
Sans craindre te faire écraser par les chars qui ne circulaient pas
L'action n'était pas sur la terre mais sur l'eau
Où les bateaux montaient et descendaient sans cesse
À la recherche de richesse plus loin dans le golfe

Je savais qu'on était différents
Ce n'était pas le même monde
Qu'on voyait à la télévision en noir et blanc
Cette vie américaine était totalement différente
De ce que je voyais tout en couleur autour de moi
Les gens à la télévision avaient un accent différent
Ça prononçait leurs TH avec un bruit de crachat
Et ils avaient des drôles de nom comme Ricardo et Flintstone
Et les personnes âgées ne parlaient pas français
Pas comme tous les adultes que je connaissais
Et que les fruits de mer n'étaient pas une denrée rare dont il fallait se méfier
Mais du manger de base de tous les jours, des jours de fête comme de pénitence
Si tu penses que c'était de la malbouffe qu'on servait à la cantine d'école
C'est que t'as jamais eu le poulet cuit au four et le far de Tante Melza le mercredi

Tu dois connaitre cette histoire déjà
On l'a racontée des milliers de fois
À force je suis largue de la répéter
Nos parents nous parlaient jamais en français
Bien sûr, ils parlaient français entre eux et avec d'autres vieux
Surtout quand ils ne voulaient pas qu'on comprenne
Ce qu'ils allaient nous offrir pour Christmusse
Quand on se plaignait que Santa Claus nous a pas amené

Les bébelles qu'on voyait sur le TV entre les macaqueries du samedi matin
Ils nous disaient que la Christine leur apportait seulement des oranges
Et que Madame Grands Doigts allait les attraper s'ils étaient pas contents
La richesse du sud payait le passage au nord
Le prix à payer était l'abandon du français
Ils étaient fiers de pouvoir poser sous le bois de Christmusse
Autre chose que des fruits et des menaces
Quelque chose comme des bicyclettes et des patins à roulettes
Des mini-bikes et des Barbie Play-set

Je ne suis qu'une petite goutte d'eau
Qui coule du Canal Yankee
Au Bayou Lafourche
Du golfe du Mexique
À la mer des Caraïbes
Des vastes océans
À la Voie lactée
Que la chaleur évapore
Que les ouragans crachent
Qu'un enfant boit du tuyau d'arrosage
Et qui me pisse en écrivant mon nom
Dans le sable à la plage
Un éternel recommencement
Une voie sans issue
Un cul-de-sac
Une allée de souvenirs

TABLE

Direction littéraire
Serge Patrice Thibodeau